Nina Herzberg

# Der Himmel ist hier

2. Auflage November 2023

Gesamtherstellung: Diana Schulz
Covergestaltung: Diana Schulz
Lektorat: Ruth Kalmund
Grafiken: © Adobe Stock
Printed in China by Imago

ISBN: 978-3-96442-046-6

Für alle Menschen,
die voll Liebe und Sehnsucht
mit der geistigen Welt verbunden sind

# Inhalt

# Einleitung

*»Es gibt keine Trennung zwischen unserer und der jenseitigen Welt. «*

Dieses Karten-Set habe ich entwickelt, da ich weiß, wie heilsam Botschaften sein können. Ich habe von meinem Vater früher häufig Zettel mit kleinen Sätzen, Aufforderungen oder lieben Botschaften in meiner Wohnung verteilt gefunden. Nach seinem Tod sind sie zu kostbaren Begleitern für mich geworden, aus denen ich immer wieder intuitiv einen Zettel als Botschaft für den Tag auswählte.

In meiner Praxis als Medium habe ich viele Botschaften der Verstorbenen an ihre Hinterbliebenen weitergegeben und die Brücke zwischen dieser und der jenseitigen Welt gebaut. Zuhause fühlen sich jedoch viele Klienten alleine und sie möchten gerne weiter mit ihren Verstorbenen Kontakt aufnehmen.

Ich habe persönliche Botschaften und Sätze ausgewählt, die ich oft von Verstorbenen an Hinterbliebene gehört habe oder die ich als heilsam von meinem

Vater erlebt habe. Die Sätze sind mit viel Intuition und Liebe für dich ausgewählt und sollen die Botschaft der geistigen Welt in dein Zuhause transportieren.

Setze dich an einen ruhigen Ort, bitte deinen lieben Verstorbenen ganz nah zu dir heran und mische die Karten (du musst ihn nicht wahrnehmen können, er ist trotzdem da). Ziehe intuitiv eine Karte aus dem Stapel oder mische solange, bis eine Karte herausfällt. Diese Botschaft ist die heutige Nachricht deines Verstorbenen an dich.

Ich wünsche dir viel Freude mit dem Karten-Set.
Deine Nina

# Achte heute auf Begegnungen

*»Ich sende dir gerne Menschen, weil ich weiß, dass du manchmal meine Zeichen nicht wahrnimmst und an dir zweifelst. Außerdem sende ich dir Begegnungen, um dich zu unterstützen und dir liebe Menschen zu schicken, damit du bemerkst, dass du nicht alleine bist.*

*Achte darauf, wer dir so begegnet und auch was die Personen dir erzählen. Vielleicht erkennst du ja meine Zeichen darin. Ich möchte, dass du wieder glücklich bist, Freude teilst und lachst.«*

Dein Verstorbener schickt dir Zeichen über Begegnungen. Achte darauf, wer dir begegnet, was Menschen dir erzählen oder welche Bücher, Zeitungsartikel dir in die Hände fallen oder dir empfohlen werden.

Es kann sein, dass dein Verstorbener dir über Menschen und Begegnungen helfen möchte und dir Antworten und Unterstützung zu aktuellen Problemen oder Fragen schickt. Es kann auch sein, dass dir Menschen bekannt vorkommen, du eine Vertrautheit spürst, obwohl du sie nicht kennst, oder dich Redewendungen, Gestik oder Mimik an deinen Verstorbenen erinnern. Das alles können Zeichen aus der geistigen Welt sein.

# Achte heute auf Buchstaben und Zahlen

*»Ich sende dir Zeichen über Zahlen oder Buchstaben, da ich immer sehr logisch denkend war und ich dich darüber gut erreiche. Achte mal auf Geburtsdaten und Zahlen, die uns verbinden. Ich mag es gerne, dich darüber zu erreichen, da nur wir diese Zahlen und Buchstaben kennen und es unsere Sprache ist.*

*Achte auch auf Uhrzeiten oder Zahlen in deinem Alltag. Es macht mir Freude, mit dir diese Spiele zu spielen und zu schauen, ob du mich wahrnimmst. Es ist wie eine Art Unterbrechung und ein ›Hallo aus dem Himmel‹ von mir in deinem Alltag.«*

Dein Verstorbener möchte dir mehr Zeichen über Zahlen und Buchstaben schicken.

Vielleicht siehst du unterwegs vermehrt Zahlenreihen auf Autokennzeichen wie 2222, 3333 oder auch Geburtsdaten, Hochzeitsdaten oder Sterbedaten von Angehörigen. Das sind Zeichen von der geistigen Welt.

Achte darauf, ob du immer wieder ›durch Zufall‹ um dieselbe Uhrzeit auf die Uhr schaust oder auch dort Zahlen wiederholt erscheinen. Oder ob dir oft Buchstaben, wie die Initialen deines Namens oder des Namens der verstorbenen Person, begegnen. Verstorbene lenken unseren Blick auf diese Phänomene, um uns zu zeigen, dass sie uns im Alltag begleiten und da sind.

# Achte heute auf Eingebungen und Träume

*»Ich bin bei dir über deine Gedanken. Ich schicke dir Eingebungen in Momenten, in denen du offen dafür bist. Achte darauf, ob du plötzlich ein Gefühl oder einen Gedanken hast, ohne vorher an etwas Bestimmtes gedacht oder dich bewusst etwas gefragt zu haben. Die Eingebungen von mir brauchen keine Zeit und tauchen ganz plötzlich im Alltag oder auch kurz vor dem Ein-*

*schlafen auf – in Momenten, in denen wir sehr miteinander verbunden sind. Ich weiß, dass es dir manchmal schwerfällt, sie von deinen eigenen Gedanken, Ängsten oder deinem Wunschdenken zu unterscheiden. Das macht mir nichts aus. Auch wenn du meine Botschaften manchmal nicht verstehst, mache dir keine Gedanken darüber. Ich versuche es dann einfach weiter. Du machst das gut.«*

Verstorbene kommunizieren mit den Hinterbliebenen über Gedanken und Träume. Da auch du ein Seelenwesen bist und aus reiner Energie bestehst, kannst du mit der geistigen Welt telepathisch kommunizieren. Manchmal fällt es uns schwer, die Botschaften der geistigen Welt von unseren eigenen Gedanken zu unterscheiden. Dies kannst du üben, indem du immer auf die ersten Gedanken und Impulse achtest, die du bekommst, wenn du an deinen Verstorbenen denkst oder aktiv um eine Botschaft bittest. Solltest du nachts von ihm träumen, achte mehr auf das Gefühl während des Aufwachens und weniger auf die Handlung des Traumes. Denn oft verknüpft das eigene Unterbewusstsein Handlungen mit Botschaften aus der geistigen Welt und somit sind nicht alle Botschaften nur aus der geistigen Welt. Und dennoch ist man im Schlaf wirklich mit den Verstorbenen verbunden.

# Achte heute auf Zeichen über die Natur

*»Ich schicke dir Zeichen über die Natur, da ich immer gerne Zeit in der Natur verbracht habe und ich dich dort gut erreichen kann. Die Natur brachte mir Ruhe und Ausgleich und ich fühlte mich verbundener mit meiner eigenen Seelenherkunft. Auch wenn ich vielleicht nicht immer so viel Zeit hatte, in der Natur zu sein, mochte*

*ich den Anblick von Wiesen und Wäldern sehr gerne, da es dort keine Zeit oder Bewertung gibt. Wenn du in der Natur unterwegs bist, begleite ich dich als Seele. Damit du dich auch so verbunden und getragen fühlen kannst und meine Liebe spürst, schicke ich dir Zeichen über Naturphänomene.«*

Achte heute und die nächsten Tage verstärkt auf Zeichen über die Natur. Dies könnte ein Regenbogen oder auch ein doppelter Regenbogen sein. Oder du hörst Wassergeräusche während eines Spazierganges, obwohl sich kein Bach in der Nähe befindet.

Auch sendet die geistige Welt gerne Zeichen über Wind. Vielleicht bewegt sich eine Fahne oder ein Windlicht auf einem Grab, obwohl es absolut windstill ist. Auch ein Stein in Herzform könnte eine Botschaft für dich sein. Verbringe die nächsten Tage in der Natur und lass dich einfach führen.

# Danke für deine Hilfe und Unterstützung

*»Ich weiß, die Zeit vor meinem Tod war für dich nicht leicht und manchmal hättest du gern noch mehr gemacht. Ich danke dir heute von Herzen für deine Hilfe und Unterstützung. Du warst für mich da, so gut du konntest. Ich weiß das sehr zu schätzen. Du hast ein gutes Herz und hast immer alles in deiner Macht Ste-*

*hende getan, damit es mir besser geht. Auch nach meinem Tod hast du nicht aufgehört, mich zu unterstützen und gut über mich zu sprechen. Danke!«*

Dein Verstorbener hat jetzt einen großen Überblick über alles, was vor seinem Tod war und auch auf das, was nach seinem Tod passiert ist. Er sieht, was jeder vollbracht hat und aus welcher Intention er agiert hat. Er möchte sich für all deine Hilfe und Unterstützung, sowohl in materieller, zeitlicher, energetischer als auch gedanklicher Hinsicht, bedanken.

Solltest du das Gefühl haben, dass es zu wenig war oder du nicht so für die Person dagewesen bist, wie du es wolltest, lasse diese Gefühle ganz bewusst los. Das ist jetzt nicht mehr wichtig. Dein Verstorbener schickt dir diese Botschaft als Zeichen dafür.

# Danke, dass es dich gibt

*»Du warst – und bist immer noch – ein Geschenk des Himmels für mich.*

*Als du in mein Leben gekommen bist, hat sich alles verändert. Durch dich habe ich viel gelernt und mich anders wahrgenommen. Ich konnte dir das nicht immer sagen oder zeigen. Aber jetzt in der geistigen Welt sehe ich alles noch viel klarer und deutlicher. Und ich bin immer noch dankbar, dass du auch hier ein Teil meines Lebens bist, auch wenn du dich zur Zeit von mir abgetrennter fühlst. Ich bin in Gedanken mit dir verbunden und ich möchte dir sagen: Danke, dass es dich gibt!«*

Ganz egal wie eure Verbindung zu Lebzeiten war, möchte dein Verstorbener dir sagen, dass er jetzt unendlich dankbar ist, dass es dich in seiner Welt gibt. Er spürt in der geistigen Welt die Dankbarkeit noch viel intensiver und purer als zu Lebzeiten. Er hofft, dass du diese auch wahrnehmen und dich dafür öffnen kannst.

Selbst wenn es dir schwer fällt, diese Worte zu spüren, da du dich getrennt fühlst oder etwas zwischen euch vorgefallen war, versuche doch, die Sicht deines Verstorbenen zu verstehen und seine Dankbarkeit anzunehmen.

# Deine Seele ist unendlich, das Gefühl der Trennung nicht

*»Auch du bist als Seele unendlich. Wir sind nicht getrennt. Trennung ist eine Illusion.*

*Ich bin bei dir und auch du kannst jederzeit bei mir sein. Wir sind geistige Energiewesen. Kennst du das, wenn sich ein Traum realer anfühlt als der Wachzustand? So real sind wir als Seelen verbunden. Es gibt keine Trennung!«*

Auch du als Lebender bist ein Seelenwesen - so wie dein Verstorbener. Du bestehst vollständig aus reiner Energie. Energie ist nur veränderbar, kann sich aber nicht auflösen. Die Seele kann nicht sterben.

Wenn du schläfst oder meditierst, geht auch deine Seele auf Wanderschaft und verbindet sich mit der geistigen Welt. Zudem ist dein Verstorbener auf Seelenebene immer neben dir - auch wenn du ihn nicht immer wahrnehmen kannst. Dein Verstorbener schickt dir diese klare Botschaft, damit du aufhörst, dich getrennt zu fühlen und annehmen kannst, dass ihr als Seelen gleich und immer verbunden seid.

# Die Natur hilft dir, Frieden zu finden

*»Kennst du den Zauber der Natur? Die Natur kann heilen. Und weißt du was? Auch ich bin Natur. Daher fühlen wir uns alle im Wald oder am Wasser immer so geborgen. Es erinnert uns an unsere wahre Seelenhei-*

*mat und verbindet uns mit der Ewigkeit. In der Natur gibt es keine Zeit und auch keine Bewertungen. Hier sind wir einfach nur wir selbst.*

*Auch mich als Seele findest du im Wind, in den Blättern, im Rauschen des Wassers oder in der Schönheit einer Blume. Lass dich berühren von meiner Energie und Liebe, die du in der Natur finden kannst.«*

Gehe nach draußen, gehe spazieren oder setze dich an einen See, Fluss oder ans Meer. Übergib bewusst deine Sorgen an die Erde, den Himmel oder den Wind. Die Natur hilft dir dabei, Ruhe und Frieden zu finden.

Wenn du läufst, laufe bewusst. Bei jedem Schritt kannst du in Gedanken sagen: »Auch wenn es gerade schwer ist, ich gehe weiter. Ich mache weiter und vertraue darauf, dass es leichter wird.« Die Bewegung hilft deiner Seele, weiter zu machen und neues Vertrauen ins Leben zu schöpfen.

# Du brauchst nicht für mich an Altem festhalten

*»Ich sehe, wie schwer es dir fällt, all die materiellen Dinge voller Erinnerungen loszulassen. Du möchtest, dass alles wieder so wird, wie es war und willst nicht akzeptieren, dass diese Zeit vorbei ist. Ich verstehe das. Aber*

*du stehst dir damit selbst im Weg. Für mich brauchst du an nichts festhalten. Ich kann in dieser Form nicht zurückkommen. Für mich ist das in Ordnung. Ich wünsche mir sehr, dass du die Realität annehmen kannst und mich so, wie ich jetzt bin, fühlen kannst.«*

Menschen halten häufig an materiellen Dingen des Verstorbenen fest, wie Kleidung, Auto oder Wohnung, da sie diese Gegenstände mit dem Verstorbenen verbinden. Aber auch an Menschen, wie z.B. die Familie des Verstorbenen oder Themen wie Erbe, Schuld, Wut o.ä. wird festgehalten, da dies eine Verbindung zum Verstorbenen darstellt. Dein Verstorbener möchte nicht, dass du dich von diesen Dingen abhängig machst.

# Du heilst die Familienthemen jetzt

*»Danke, dass du dich mit deiner/unserer Familiengeschichte auseinandersetzt. Alles, was du in dir heilst, heilst du für alle Generationen und Menschen in deinem Feld. Wenn du dir und anderen verzeihst, kannst du Schuldthemen loslassen.*

*Ich weiß, dass dies manchmal nicht so leicht ist. Es*

*ist oft ein steiniger und schmerzhafter Prozess. Aber ich unterstütze dich dabei aus der geistigen Welt. Ich bin sehr stolz auf dich.«*

Mache dir bewusst, dass du ein Teil eines Systems bist. Du bist geprägt von vielen Generationen und Leben, sowohl deiner Familie als auch deiner eigenen Inkarnationen. Wenn du dich ganz bewusst jetzt für Heilung dieser Themen entscheidest, wirst du gute Energie und Möglichkeiten in dein Leben ziehen. Hole dir ruhig Unterstützung im Außen, um dir diese Themen anzusehen und sie lösen zu können. Und alles, was du heilst, wird für alle Seelen um dich herum ebenfalls geheilt.

# Es geht mir wieder gut

*»Ich weiß, du hast dir viele Sorgen um mich gemacht. Mir ging es oft sehr schlecht und du konntest nicht viel tun. Ich habe deine Hilflosigkeit und Ohnmacht gespürt und mich selbst auch oft machtlos gefühlt. Aber sei versichert, es geht mir jetzt wieder gut. Ich bin frei von Sorgen, Schmerzen und meinem Körper. Ich fühle mich leicht. Bitte denke nicht mehr an mich voller Sorgen und Schmerz, sondern nimm mich so heil an, wie ich*

*jetzt bin. Lass die alten Bilder von der Zeit vor meinem Tod in Liebe los und verbinde dich mit meiner heilen Seele.«*

Oft kann man die Erinnerungen an Krankheit oder auch an den Anblick des Verstorbenen nicht loslassen. Das eigene Unterbewusstsein holt diese Erinnerungen oder Bilder häufig auch im Schlaf wieder hervor, da sie noch nicht verarbeitet sind. Wie in einer Art Schockzustand wird es immer wiederholt.

Versuche bewusst, deinen Verstorbenen vor deinem inneren Auge so zu sehen, wie er als Seele jetzt ist. Vollkommen heil und ›gesund‹. Es gibt in der geistigen Welt keine Schmerzen mehr. Gib deiner Seele Zeit, das Bild als die neue Realität zu erkennen.

# Es ist gut, dass du Grenzen für dich setzt

*»Du neigst dazu, dich bevormunden zu lassen oder auch manchmal von Menschen ausgenutzt zu werden. Du gibst viel und erwartest wenig zurück. Das ist manchmal sehr gut und hilfreich – aber meist nur für die anderen.*

*Ich möchte, dass du mehr auf dich Acht gibst und*

*auch mal an dich und deine Bedürfnisse denkst. Du bist wichtig!*

*Setze in Liebe und Selbstfürsorge Grenzen. Sage auch mal Nein und frage dich bei jeder Entscheidung und Verabredung, ob du das wirklich möchtest.«*

Manchmal fühlt man nach einem Verlust nicht mehr, was einem selbst gut tut und was eher schadet. Vielleicht hast du dich – um durch diese schwere Zeit zu kommen – emotional verschlossen und von deinen eigenen Gefühlen abgetrennt und erkennst dadurch nicht mehr, wenn andere Menschen deine eigenen Grenzen überschreiten.

Dein Verstorbener möchte, dass du gut für dich sorgst und dich von Menschen, die dir nicht gut tun, abgrenzt. Das können auch Menschen aus der Familie sein. Du musst nicht zu jedem den Kontakt halten. Vieles hat sich verändert und deiner verstorbenen Person ist es wichtig, dass du für dich Grenzen setzt, für dich einstehst und es dir gut geht.

# Es tut mir leid

*»Es tut mir so leid, dass ich dich verletzt habe. Ich wollte dich nicht verlassen und das, was vor meinem Tod war, tut mir jetzt sehr leid.*

*Während meines Sterbeprozesses hatte ich hauptsächlich mit mir selbst zu tun, wollte dir aber nie weh tun oder ungerecht dir gegenüber sein. Auch wenn es nicht in meiner Macht stand, möchte dir sagen, dass ich gerne geblieben wäre. Ich spüre, wie sehr du un-*

*ter meinem Verlust leidest, aber mein Lebensplan war vollendet und ich hoffe, dass du mir verzeihen kannst.«*

Dein Verstorbener möchte sich bei dir entschuldigen. Es war eine schwere Zeit vor seinem Tod und es gab Missverständnisse oder Ungerechtigkeiten. Es lag nicht in seiner Absicht, dich zu verletzen oder zurückzustoßen.

Vielleicht gibt es auch noch alte Verletzungen, für die er sich jetzt entschuldigen möchte. Er sieht jetzt sein Leben und die Vergangenheit aus einem anderen Blickwinkel und versteht, warum manches so war, wie es war. Deine verstorbene Person möchte, dass du ihr verzeihst und Frieden mit der Vergangenheit schließt.

# Es tut mir leid, dass wir uns nicht mehr voneinander verabschieden konnten

*»Es tut mir leid, dass ich ohne Verabschiedung von dir gegangen bin. Ich weiß, du hättest dir noch Austausch und ein paar liebe Worte gewünscht. Weißt du, ich war immer sehr selbstständig zu Lebzeiten und es*

*fiel mir schwer, Hilfe von anderen anzunehmen. Zudem war Sterben für mich wie eine Schwäche zu zeigen. Ich wollte immer stark sein. Daher musste mein Tod ohne Verabschiedung stattfinden, da ich es nicht hätte ertragen können, zu sehen, wie sehr du leidest. Bitte verzeihe mir, aber für mich war es so leichter.«*

Viele Verstorbene sind kurz vor ihrem Tod bewusst oder unbewusst nicht in der Lage dazu, sich mit ihrem Tod auseinanderzusetzen. Wenn sie schwer krank sind, möchten sie oft nicht über das Sterben sprechen und blocken Gespräche darüber ab. Es gibt auch Sterbende, die sich komplett zurückziehen und selbst die eigene Familie nicht mehr sehen wollen. Das ist oft sehr schwer für die Angehörigen.

Wenn jemand plötzlich aus dem Leben geht, ist auch in diesen Momenten keine Verabschiedung mehr möglich. Das betrifft häufig Seelen, die sehr selbstständig und selbstbestimmt gelebt haben und es nicht ertragen würden, wenn alle Abschied nehmen, weinen oder trauern würden.

# Es war Schicksal

»Mein Tod war kein Zufall und nicht zu verhindern. Es war Schicksal, dass ich so und zu diesem Zeitpunkt sterben musste. Niemand hätte daran etwas verändern können. Der Zeitpunkt meines Todes stand schon im Vorhinein fest und wurde von meiner Seele in Absprache mit meinem Lebensplan festgelegt.

Mache dir bitte keine Gedanken, ob das gerecht oder ungerecht, zu früh oder falsch ist, damit quälst du dich *nur selbst. Ich bin im Frieden mit meinem Seelenplan.«*

Vieles in unserem Leben liegt nicht in unserer Macht. Wenn du darüber nachdenkst, was du hättest anders machen können oder ob du den Tod einer geliebten Person hättest verhindern können, quälst du dich nur selbst. Es ändert überhaupt nichts. Wenn etwas zu ändern gewesen wäre, wäre es auch anders verlaufen.

Vertraue deinem Verstorbenen, dass, wenn er dir diese Karte sendet, es Schicksal war und nicht in deiner oder seiner Macht lag.

# Gib nicht auf

*»Ich fühle, dass du keine Kraft hast. Die Trauer und der Schmerz erschöpfen dich. Die letzte Zeit war sehr anstrengend und Kräfte raubend. Ich sehe das. Ich bin heute da, um dir zu sagen: Es wird leichter werden. Du bist sehr stark. Gib nicht auf! Stehe auf und mache weiter! Ich schicke dir Hilfe und Kraft und bin für dich da.«*

Die geistige Welt weiß, wie schwer sich die Lebenden mit den Gefühlen des Verlustes, dem Schmerz und der Trauer tun. Sie haben Verständnis dafür, haben aber nun auch einen anderen Blickwinkel aus dem Jenseits heraus. Sie wissen, dass es sich lohnt, weiterzumachen und nicht aufzugeben. Sie möchten Kraft und Unterstützung schicken und freuen sich, wenn die Hinterbliebenen wieder Mut schöpfen, kraftvoll aufstehen und weitermachen.

Sieh nur diesen Tag heute und nicht die nächsten Wochen oder Monate. Heute kannst du die Kraft der geistigen Welt bewusst in dich hineinfließen lassen. Diese Kraft hilft dir, aufzustehen und weiterzugehen.

# Ich begleite dich bei deinem Neubeginn

*»Eine Veränderung, ein Neubeginn steht an. Ich finde das gut und unterstütze dich dabei. Bitte habe keine Angst davor! Das Leben besteht immer aus Veränderungen und Neuanfängen. Für mich in der geistigen*

*Welt ist das normal. Bitte verschließe dich nicht den Veränderungen, die nun auf dich zukommen, sondern gehe voller Vertrauen und Neugier den neuen Weg. Das heißt nicht, dass du dich von mir entfernst. Ganz im Gegenteil! Ich werde dabei sein und mit dir diesen Neubeginn begehen.«*

Oft fällt es Hinterbliebenen schwer, nach dem Tod der geliebten Person etwas neu anzufangen, bei dem der geliebte Mensch fehlt. Ein Umzug, etwas Neues kaufen, ein Urlaub oder andere Veränderungen fallen schwer, da man das Gefühl hat, es nicht ohne die Person zu wollen oder man möglicherweise auch ein schlechtes Gewissen hat, etwas zu verändern – ohne den geliebten Menschen.

Sei dir gewiss, dass dein Verstorbener beim Neubeginn dabei ist und sich für dich freut und dich unterstützt.

# Ich bin bei dir durch Berührungen

*»Ich liebe es, dir nah zu sein und sende dir Zeichen über Berührungen. Ich mochte es immer, dich zu berühren oder zu umarmen und möchte dir damit auch zeigen, dass ich dich immer noch voller Liebe begleite.*

*Manchmal wirst du mich vielleicht stärker spüren und manchmal nur wie einen leichten Hauch. Das ist völlig in Ordnung und hat nichts zu bedeuten. Deine Energie, wie auch meine, ist von Tag zu Tag unterschiedlich. Bitte mich, ruhig etwas näher zu dir zu kommen, dann versuche ich, es noch etwas deutlicher werden zu lassen.«*

Dein Verstorbener ist ganz nah bei dir und sendet dir über Gefühle Zeichen. Achte darauf, ob du an einer Stelle deines Körpers Wärme, Kälte, Kribbeln oder Berührungen spürst.

Seelen sind reine Energie und können über Energiereize an den Nerven auslösen, dass du sie spürst. Achte darauf, ob sich die Stelle und die Wahrnehmung wiederholen, so dass du dir sicherer sein kannst, dass es auch wirklich dein Verstorbener ist. Er möchte dir damit zeigen, dass er immer noch ganz nah bei dir ist.

# Ich bin durch die Liebe mit dir verbunden

*»Glaubst du an die Liebe? Ja. Warum? Liebe kann man nicht sehen, nicht hören, riechen oder schmecken. Und doch ist jeder davon überzeugt, dass es sie gibt. Warum? Weil man sie spüren kann.*

*Und du? Du kannst mich spüren. Also sind wir auch verbunden und unsere Verbindung kann nicht sterben. Ich liebe dich.«*

Die Liebe ist die Kraft, die alles erschafft und erhält. Sie ist die größte Kraft und Energie in unserem Universum. Sie ist unendlich und erschafft alles Leben. Die Liebe hat eine hohe Frequenz und überwindet dadurch alle Hindernisse.

Und die Liebe (platonisch, zu Freunden, Kindern, Eltern, Partner, Tieren ...) kann niemals sterben. Sie macht es möglich, dass wir uns verbunden fühlen und dieses Band der Verbindung reicht über Kontinente und bis in den Himmel hinein. Wenn du dir das bewusst machst und dich jeden Tag mit diesem Band der Liebe, das euch hält, verbindest, kannst du die Liebe in dir spüren und dich heilen lassen.

# Ich bin stolz auf dich

*»Du bist so stark und mutig. Du stehst jeden Tag erneut auf und machst aus allem das Beste. Du sorgst gut für dich und andere, auch wenn es manchmal schwer ist.*

*Ich weiß, dass du mich vermisst. Aber weißt du was? Ich bin so stolz auf dich. Du machst alles gut, wie du es machst. Mache dir bitte nicht so viele Gedanken. Du bist ein wundervoller Mensch und ich bin so stolz darauf, mit dir verbunden zu sein.«*

Dein Verstorbener sieht, wie es dir geht und dass du oft zu kämpfen hast. Er sieht aber auch deine vollkommene Seele und jeden kleinen Schritt deiner Entwicklung. Er ist sehr stolz auf deine Versuche, alles in deinem Leben gut zu meistern.

Natürlich gibt es immer mal Höhen und Tiefen. Mal fallen dir Dinge leicht, dann wieder unglaublich schwer. Aber so ist das Leben. Du tust zu jedem Zeitpunkt und nach bestem Wissen und Gewissen stets das, was in deiner Macht liegt. Habe Vertrauen, dass dein Verstorbener von ganzem Herzen stolz auf dich ist.

# Ich bin wirklich bei dir

*»Ich weiß, es fällt dir manchmal schwer, mich wahrzunehmen und du hast das Gefühl, dass ich einfach weg bin. Aber ich möchte dir heute sagen, dass ich wirklich ganz nah bei dir bin. Es gibt keine Trennung zwischen Seelen, auch wenn du noch einen Körper hast und ich nicht mehr.*

*Versuche, deine eigene Wahrnehmung in Bezug auf mich zu haben. Keiner kann dir sagen, wie du mich wahrnehmen sollst oder ob überhaupt. Lass dich auch nicht von Aussagen wie ›die Toten soll man ruhen lassen‹ aus dem Gleichgewicht bringen. Du weißt, ich bin sowieso bei dir.«*

Deine Kommunikation mit deinem Verstorbenen ist etwas ganz Einmaliges und Individuelles. Achte auf Zeichen und auf deine ganz eigene Wahrnehmung, wenn du ihn näher zu dir bittest.

Achte auch darauf, welche Gedanken (eventuell auch Zweifel oder Blockaden) auftauchen und mache dir bewusst, dass du nicht deine Gedanken bist. Du kannst sie beobachten und selbst entscheiden, welche von ihnen du als wahr ansehen willst und welche du vorbeiziehen lassen möchtest.

# Ich gebe dir zur Zeit wenig Zeichen, bin aber dennoch bei dir

*»Ich bin bei dir, auch wenn ich momentan weniger Zeichen gebe oder du keine wahrnimmst. Es gibt unterschiedliche Phasen – sowohl auf der Erde als auch im Jenseits.*

*Manchmal spürt man auf der Erde die Zeichen nicht, da man sich selbst in einem Heilungsprozess befindet und die eigene Seele einen vor der Wahrnehmung der geistigen Welt schützt.*

*Manchmal ist bei uns viel los und ich verarbeite mein Leben, so dass ich zwar immer wieder bei dir bin, du aber meine Energie schlecht spüren kannst.*

*Bitte zweifle nicht, ich bin dennoch da. Es kommt wieder eine Phase, in der du mich stärker wahrnimmst.«*

Du kannst immer mal versuchen, um konkrete Zeichen zu bitten und dann aber bewusst loslassen und deinen Alltag weiterleben, so dass dein Verstorbener die Freiheit hat, dir Zeichen zu einem für ihn stimmigen Zeitpunkt zu geben.

Habe Vertrauen, dass es für alles die richtige Zeit gibt. Wenn du an deiner Trauer arbeitest und gut für dich sorgst, kommt wieder eine Zeit, in der du mehr Zeichen wahrnimmst und dich verbundener fühlst.

# Ich habe viele geistige Helfer, die ich dir schicke

*»Ich bin verbunden mit geistigen Helfern und umgeben von Engeln, Krafttieren, Feen und Geistführern. Ich sende dir immer wieder geistige Helfer, die auf unterschiedliche Arten zu dir kommen.*

*Lass dich durch meine kleinen Zauberer berühren und führen.«*

Geistige Helfer können auch über Tiere oder lebende Menschen in deinem Umfeld zu dir kommen und dir im Alltag als helfende Hand oder Trostspender zur Seite stehen. Achte darauf, wer ohne dein Zutun auf dich zukommt, wer sich in deinem Leben besonders anfühlt oder welche spontanen Begegnungen sich geführt anfühlen.

Vielleicht fühlst du dich auch in der Natur beschützt und begleitet durch Naturgeister oder du spürst in der Kirche eine Begleitung durch göttliche Wesen. An manchen Orten können wir die geistigen Helfer besser wahrnehmen.

Wie auch immer dein Zugang ist: Habe Vertrauen, dass dein Verstorbener dir geistige Helfer zur Seite stellt und nimm sie dankbar an.

# Ich halte dich, wenn du dich in deiner Trauer einsam fühlst

*»Ich halte dich. Du darfst dich fallen lassen. Ich bin da. Weine, verkrieche dich, zieh dich zurück, tue einfach das, was du brauchst. Ich halte dich. Spüre bewusst meine Arme, die dich auffangen. Du bist nicht alleine.*

*Stell dir vor, wie ich dir meine Arme wie eine kuschelige Decke umlege, dich beschütze und geborgen halte.«*

Dein Verstorbener möchte, dass du ganz bewusst spürst, dass du nicht alleine bist. Du trägst die große Last nicht allein. Deine verstorbene Person steht hinter dir und hält dich und stützt dich energetisch, damit du Kraft tanken kannst. Lehne dich bewusst energetisch an deinen geliebten Verstorbenen an und gebe alle Sorgen an ihn ab.

Du bist nicht allein, auch wenn du dich manchmal einsam fühlst. Mache dir das immer wieder bewusst. Auch wenn dann vielleicht die Trauer noch schmerzhafter ist oder du viel weinen musst, lasse diese Gefühle zu. Lasse die Gefühle durch dich hindurchfließen und nimm dir diese Zeit, um den Halt deines geliebten Verstorbenen fühlen zu können.

# Ich helfe dir, zu manifestieren

*»Weißt du, wie kraftvoll die eigenen Wünsche und Gedanken sind? Kannst du dich noch daran erinnern, wie du als Kind immer Wünsche in den Himmel gegeben hast? Visualisierungen und Manifestationen haben die Kraft, die Zukunft zu ändern. Was möchtest du fühlen? Wie möchtest du leben? Ich helfe dir dabei, das umzusetzen. Lass uns zusammen eine kraftvolle Zukunft kreieren.«*

Die Seelen in der geistigen Welt wissen, wie wichtig die eigenen Ideen, Gedanken und Gefühle zum Erschaffen der eigenen Realität sind.

Dein Verstorbener möchte, dass du dieses Potenzial noch bewusster und öfter nutzt. Schreibe dir auf, wie du gerne wärst, was deinen Alltag bestimmen soll und wie du dich nach dem Aufwachen fühlen möchtest.

Dann mache eine zweite Liste mit Dingen, die dir noch fehlen oder die du benötigst, um deine Wünsche Wirklichkeit werden zu lassen. Dann verbinde dich in Gedanken mit deinem Verstorbenen und bitte ihn, dich zu unterstützen. Mache kleine Schritte und lese dir diese kraftvollen Listen jeden Tag durch.

# Ich schicke dir Heilung für deine Themen

*»Ich sehe dich und fühle deine Gefühle. Ich spüre, dass du dich mit Schmerzen und Themen quälst. Du fühlst dich dadurch blockiert und in deinem Schmerz gefangen. Ich kann dir leider nicht aktiv helfen, aber wenn du dich öffnest, kann ich dir energetisch Heilenergie aus dem Jenseits schicken. Ich möchte, dass es dir besser*

*geht und du dich für Hilfe und Unterstützung sowie das Gute öffnest, das in dein Leben kommen möchte. Dann werden deine Themen leichter werden. Ich unterstütze dich dabei.«*

Dein Verstorbener sieht, wie es dir geht, was du denkst und auch fühlst. Er möchte nicht, dass es dir schlecht geht. Er versucht, dir Menschen zu schicken, die dir helfen. Auch Zeitungsartikel, Videos oder Begegnungen können dir Kraft geben. Er möchte, dass du Heilung für deine Themen, Sorgen, Ängste und Schmerzen erhältst.

Versuche, liebevoll mit dir selbst umzugehen und dich für Hilfe von außen zu öffnen, damit die geistige Welt dir Heilenergie schicken kann.

# Ich schicke dir technische Zeichen

*»Ich schicke dir Zeichen über technische Geräte, damit du spürst, dass ich dich im Alltag, zuhause und auf der Arbeit begleite. Du musst nicht erst irgendwohin gehen oder etwas tun, um meine Zeichen zu bekommen, sondern ich bin dort, wo ich dich am besten erreiche. Ich war zu Lebzeiten sehr aktiv, praktisch denkend und hilfsbereit und diese Eigenschaften habe ich noch immer. Daher schicke ich dir Zeichen über praktische*

*Geräte, während du mit deinem Alltag beschäftigt bist. Erschrecke bitte nicht, ich möchte nie etwas kaputt machen und dir auch keine Angst bereiten. Da es mit der Elektrik und Elektronik manchmal gar nicht so leicht ist, übe ich noch. Ich möchte dir damit einfach nur zeigen, dass es keine Trennung zwischen uns gibt und ich dich überallhin begleiten kann.«*

Dein Verstorbener möchte, dass du verstärkt auf technische oder elektronische Zeichen achtest. Dies kann ein Wackelkontakt in einem technischen Gerät sein oder etwas wird von alleine lauter, leiser, stellt sich an oder auch aus. Die geistige Welt nutzt dafür gerne Geräte im Haus, wie den Fernseher, den Toaster, die Kaffeemaschine oder auch das Auto. Oft spielt auch das Handy oder der Laptop etwas ›verrückt‹, Seiten lassen sich nicht laden, Videos/Musik starten von alleine oder Bilder werden einfach so angezeigt. Manchmal kann man auch über technische Geräte mit der geistigen Welt kommunizieren. Wenn ein technisches Zeichen auftaucht, kannst du deinen Verstorbenen fragen, ob er es ist und ihn bitten, das Gerät nochmals an- oder auszuschalten. Manche Verstorbene schaffen es, als Antwort das technische Zeichen zu wiederholen.

# Ich schicke dir Zeichen über Federn

*»Ich bin bei dir und schicke dir Federn, um dir Zeichen im Alltag zu geben.*

*Mein Sterben war sehr anstrengend für mich (und auch für dich) und ich fühlte mich lange Zeit gefangen in mir. Jetzt bin ich als Seele frei. Ich habe keinen Körper mehr, keine Schmerzen, keine Sorgen und kann überall durch reine Gedankenkraft sein. Die Federn, die ich dir schicke, symbolisieren meine Freiheit und Leichtigkeit. Ich wünsche mir, dass du, wenn du eine Feder findest, dich genauso frei und leicht fühlen kannst, wie ich es tue.«*

Manchmal findet man Federn an ungewöhnlichen Orten, wie z.B. im Haus, vor der Haustür, im Auto oder eine Feder fällt einem direkt während eines Spazierganges vor die Füße.

Achte heute und die nächsten Tage darauf, ob und wo dir Federn begegnen. Federn sind oft Zeichen für Freiheit und Leichtigkeit und werden geschickt, um zu zeigen, dass man im Alltag begleitet wird.

# Ich schicke dir Zeichen über Licht

*»Ich schicke dir Zeichen über Licht, da du immer mein Lichtbringer, meine Aufheiterung warst und ich das jetzt für dich bin. Ich möchte dir Licht schicken, damit du nicht so traurig bist, damit du wieder Licht in der Dunkelheit siehst. Du warst und bist auch immer noch Licht für mich, auch wenn du dich oft nicht da-*

*nach fühlst. Aber unsere Verbindung leuchtet bis in die geistige Welt und wenn ich dir nun Zeichen über Licht oder Kerzen schicke, möchte ich, dass auch du unsere Verbindung leuchten siehst und spürst, wie sie deinen Alltag erhellt.«*

Achte auf Zeichen über Licht wie beispielsweise ein Wackelkontakt von Glühbirnen oder auch das Flackern von Kerzen.

Vielleicht begegnen dir auch viele Bilder von Leuchttürmen und Lichtern. Auch ist es möglich, dass du Kerzen von anderen Menschen geschenkt bekommst. Alles, was du zum Thema Licht und Helligkeit wahrnimmst, kann ein Zeichen von deinem geliebten Verstorbenen sein.

# Ich schicke dir Zeichen über Musik und Texte

*»Ich liebe Musik. Melodien und Songtexte waren mir zu Lebzeiten wichtig. Ich konnte immer von allen Sorgen abschalten, wenn ich schöne Musik gehört habe. Auch verbindet mich die Musik mit dir, denn ich weiß, dass du auch sehr sensitiv auf Melodien reagierst. Wenn du Musik hörst, bin ich ganz nah bei dir und versuche, dir*

*über das Lied oder den Text zu zeigen, dass ich dich begleite. Achte mal darauf, welche Lieder ich dir schicken könnte und welche Songs uns immer verbunden haben. Wenn du meine Lieder wahrnimmst, weißt du, dass ich bei dir bin und dass dieses Lied nur für uns ist.«*

Verstorbene schicken sehr gerne Lieder oder Songtexte als Botschaft für ihre Hinterbliebenen.

Achte mal auf das erste Lied, wenn du das Radio anstellst oder ins Auto einsteigst. Achte auf Songs im Supermarkt oder auf der Arbeit. Manchmal fühlt man sich plötzlich von einem Lied sehr berührt oder es bleibt einem im Gedächtnis und geht einem einfach nicht mehr aus dem Kopf. Dann kannst du nach dem Lied bei Google recherchieren und schauen, ob du möglicherweise im Songtext auch noch eine Botschaft aus dem Jenseits entdeckst.

Vielleicht wachst du auch mit einem Lied oder einer Textzeile im Kopf morgens auf, dann kannst du dasselbe tun. Falls ihr einen gemeinsamen Song gehabt habt oder du Musik für die Beerdigung ausgesucht hast, kann dein Verstorbener sich mit dieser Karte auch bei dir für die Musik bedanken.

# Ich schicke dir Zeichen über Tiere

*»Ich schicke dir Zeichen über Tiere, die dich begleiten und auf dich reagieren. Über sie kann ich dich gut erreichen. Tiere haben ein sehr feines Gespür und können meine Energie und meine Seele wahrnehmen. Sie helfen mir, dich zu kontaktieren. Ich mochte Tiere und auch du bist so feinfühlig wie sie.*

*Achte mal darauf, wenn du unterwegs bist, ob dich Schmetterlinge, Marienkäfer oder Libellen begleiten oder an ungewöhnlichen Orten auftauchen. Vielleicht nimmst du auch Tiere an meinem Grab oder anderen Orten, die dir wichtig sind, wahr.*

*Ich bin nicht in dem Tier, sondern leite es sanft zu dir oder beeinflusse seine Energie, so dass du darauf aufmerksam wirst. Ich möchte dir damit sagen, dass ich da bin, dass ich dich begleite und mit dir verbunden bin.«*

Dein Verstorbener schickt dir Zeichen über Tiere und Tierbegegnungen. Wenn dir ein seltenes Tier begegnet, ein Wildtier keine Angst vor dir hat oder Tiere an ungewöhnlichen Orten auftauchen, können dies Zeichen aus der geistigen Welt sein. Auch Tiere, die zu ungewöhnlichen Jahreszeiten auftauchen, können geschickt worden sein.

Haustiere, die sich ungewöhnlich verhalten, können dir eine Botschaft deines Verstorbenen übermitteln. Die Seelen können die Energie von deinem Tier beeinflussen. Viele Tiere können Verstorbene wahrnehmen. Manche Haustiere reagieren mit Freude, Schwanzwedeln, Bellen oder schauen irritiert an ›die leere Wand‹, wenn der Verstorbene sehr präsent im Raum ist.

# Ich unterstütze dich bei deiner Entscheidung

*»Ich sehe, dass es dir schwer fällt, Entscheidungen zu treffen. Oft weißt du nicht, was die richtige Entscheidung ist. Schließe die Augen, stelle dir alle Möglichkeiten vor und fühle, welche von ihnen sich gut und leicht*

*anfühlt. Das ist der Weg. Habe Vertrauen, dass es keine falsche Entscheidung gibt. Nichts zu entscheiden, ist immer die schlechteste Wahl. Ich helfe dir, die richtigen Entscheidungen zu treffen und weiterzumachen.«*

Dein Verstorbener weiß, wie schwer du dich momentan mit Entscheidungen tust. Er möchte dir versichern, dass du dich nicht falsch entscheiden wirst oder kannst.

Folgende Übung kann dir bei der Entscheidungsfindung helfen: Nimm dir einen Stapel Papier und schreibe jeweils auf ein Blatt eine Möglichkeit. Drehe das Papier um oder falte es einmal in der Mitte. Nimm nun jedes Blatt einzeln in die Hand und fühle hinein, welches Blatt Papier sich gut und leicht anfühlt und welches sich schwer anfühlt.

# Ich verzeihe dir

»Ich spüre deine Schuldgefühle und möchte dir heute sagen, dass ich dir verzeihe. Ich sehe und fühle, was du denkst und spürst und verstehe Vieles nun aus einem anderen, übergeordneten Blickwinkel. Wir hatten beide unsere Themen und manches würden wir gerne im Nachhinein ändern. Aber das geht nun mal nicht.

*Daher möchte ich heute, dass du aufhörst, darüber zu grübeln, was gewesen wäre, wenn … Das führt zu nichts und du quälst dich nur selbst. Ich verstehe, warum manches so war, wie es war oder auch warum du dich so verhalten hast. Ich verzeihe dir. Bitte verzeihe du dir auch.«*

Dein Verstorbener möchte, dass du deine Schuldgefühle loslässt. Er hat jetzt einen anderen, übergeordneten Blickwinkel auf alle Themen. Auch wenn du meinst, dass du Schuld an etwas trägst, ist das für ihn im Jenseits nicht mehr so wichtig. Er hat deine Entschuldigung und deine Gedanken mitbekommen. Er kann deine Gefühle spüren. Du brauchst dich nicht mehr schlecht zu fühlen. Und sei dir sicher, ihr könnt alles, was dich jetzt noch bewegt, in der geistigen Welt klären. Dein Verstorbener möchte, dass du ab heute befreit dein Leben führst.

# Ich wäre gern mehr dagewesen

*»Ich hätte dich gerne mehr gehört und wäre gerne mehr mit meinen Gedanken bei dir gewesen. Ich hätte gerne mehr Zeit mit dir verbracht. Für mich war es damals jedoch nicht möglich. Ich habe das leider nicht erkannt. Erst jetzt sehe ich, was du gebraucht hättest.*

*Das tut mir sehr leid. Ich hoffe, du kannst annehmen, dass ich, wenn ich die Zeit zurückdrehen könnte, mehr für dich da sein und manches anders machen würde.«*

Dein Verstorbener hofft, dass du verstehst, dass die Situation für ihn damals anders war, als er sie jetzt wahrnimmt. Er sieht nun Vieles aus einem anderen Blickwinkel und würde seine Fehler gern rückgängig machen.

Ganz egal, ob du das auch so empfindest oder als nicht so schlimm ansiehst, er möchte, dass du weißt, dass er gerne mehr Zeit mit dir verbracht hätte. Vielleicht war er manchmal mit seinem Alltag zu beschäftigt oder es gab Themen, die euch trennten. Vielleicht hatte er sich aufgrund seiner Krankheit oder Sorgen zurückgezogen - was auch immer der Grund ist, dein Verstorbener möchte, dass du weißt, dass er es jetzt anders sieht.

# Jetzt ist deine Zeit

*»Du bist wundervoll. Jetzt ist deine Zeit gekommen, um in deine Kraft zu finden. Lange hast du nicht an dich geglaubt und dich hinter anderen Menschen versteckt. Du wolltest lieber nicht sichtbar sein, da du dann nicht verletzt werden kannst. Das ist ein Trugschluss und du bist jetzt bereit, ins Außen zu gehen und deine Träume in die Tat umzusetzen. Ich weiß das und gebe dir Kraft. Du wirst die Welt verändern.«*

Du wusstest oft nicht, was überhaupt dein Sinn auf dieser Welt ist. Dein Verstorbener sieht dein volles Potenzial und möchte dich bestärken, damit in die Welt hinauszugehen. Dein besonderes Talent gehört in diese Welt und möchte darin gelebt werden.

Glaube an dich und es werden sich Wege öffnen. Mache dir einen Plan und visualisiere dich selbst in deiner bestmöglichen Version. Dann überlege, was du dafür benötigst, um dies zu verwirklichen. Gebe deine Wünsche ins Universum und zu deinen verstorbenen Begleitern und dann: Laufe los! Habe Vertrauen, dass sich nun mit dieser Botschaft der Weg leicht anfühlen wird, weil du weißt, dass jetzt deine Zeit gekommen ist.

# Lass deine Zweifel los

*»Ich weiß, dass es dir schwer fällt, Zeichen von mir wahrzunehmen. Du zweifelst daran, ob ich überhaupt noch irgendwie da bin, ob es wirklich nach dem Tod weitergeht. Du zweifelst daran, ob du mich wahrnehmen oder mit mir kommunizieren kannst. Du stehst dir mit diesen Zweifeln selbst im Weg. Ich möchte, dass du bereit bist, zu vertrauen. Wenn du im Zweifel bist, wirst du nie einen felsenfesten Beweis bekommen, da deine*

*negativen Gedanken alles blockieren. Beschließe heute, zu vertrauen – denn es kann ja nichts passieren – und schaue einfach mal, was sich verändert. Betrachte es als Experiment und gebe dir einen Monat Zeit, um zu sehen, was sich tut. Aber lass heute all deine Zweifel an mir und der geistigen Welt los.«*

Schließe heute ganz bewusst einen Vertrag mit dir und der geistigen Welt. Schreibe deinem Verstorbenen oder allgemein dem Universum, dass du ab heute Vertrauen hast und alle Zeichen als solche erkennen wirst. Bitte ruhig auch darum, geführt und unterstützt zu werden. Unterschreibe den Vertrag und lege ihn dann weg.

Dieser bewusste Akt ist sehr kraftvoll und macht energetisch sehr viel mit dem Unterbewusstsein. Probiere es einfach mal aus und lass dich überraschen.

# Meditiere mit mir

*»Übe, mich stärker wahrzunehmen, wenn du meditierst. Vielleicht kannst du dir ja auch in der Meditation vorstellen, mit mir Zeit zu verbringen. Wir setzen uns auf eine Bank und reden oder unternehmen etwas zusammen. Wenn du möchtest, können wir uns in deinen Meditationen (ähnlich wie in Träumen – nur viel besser steuerbar) unseren Raum erschaffen, unseren Treffpunkt, unsere kleine heile Welt. Wie hört sich das für dich an?«*

Meditation braucht Ruhe und Übung. Erwarte nicht, dass jede Meditation gleich intensiv ist oder sofort gut klappt.

Versuche auch mal, mit Frequenzen zu meditieren. Auf YouTube oder auf CD findet man Alpha- oder Theta-Frequenzen. Diese können helfen, in einen tieferen Meditationszustand zu gelangen oder auch die Wahrnehmung der geistigen Welt zu verstärken.

Experimentiere mal mit verschiedenen Meditationsmethoden (Geh-Meditation, Fokus-Meditation, geführte Meditation usw.) und bitte deinen Verstorbenen, während der Meditation anwesend zu sein.

# Öffne wieder dein Herz

*»Ich sehe, wie schwer du dich damit tust, dein Herz für Menschen wieder zu öffnen.*

*Mein Tod hat Verlustängste und Sorgen ausgelöst. Du versuchst, dein Herz zu schützen, indem du dich abkapselst und Menschen nicht mehr nah an dich heranlässt.*

*Das finde ich sehr traurig, da das Leben aus Berührungen besteht. Ein Leben, das nicht gefühlt wird, ist trostlos. Um schöne Momente zu fühlen, muss man die Gefahr zulassen, verletzt zu werden. Das ist ein universelles Gesetz. Ich wünsche dir, dass du glücklicher bist. Ich wünsche dir, dass du wieder vertraust, liebst und dich öffnest. Du hast es verdient.«*

In der geistigen Welt gibt es keine Eifersucht oder Neid auf Begegnungen, Zärtlichkeiten oder Austausch. Die Verstorbenen freuen sich, wenn du es dir gut gehen lässt und Liebe und gute Gefühle annimmst.

Erlaube dir, wieder glücklich zu sein und deine Liebe mit anderen Menschen zu teilen. Erlaube dir bewusst, wieder zu lachen, Spaß zu haben, auch wenn die Trauer einen Platz in deinem Herzen behält. Mache dir bewusst, dass beides nebeneinander existieren darf und du dein Leben vollkommen leben darfst.

# Rede mit mir

*»Du redest laut und in Gedanken viel und häufig mit mir. Ich finde das toll.*

*Manchmal hast du Angst, dass du mich stören oder nerven könntest. Das ist unbegründet. Ich habe viel Zeit und bin sowieso über die Liebe mit dir verbunden. Wenn du manchmal das Gefühl haben solltest, dass ich genervt bin, liegt es nur daran, dass ich dich aufmuntern möchte und nicht möchte, dass du immer nur negativ denkst. Ich bin aber nicht wirklich genervt und meine es nie böse.*

*Du kannst mir immer alles erzählen. Auch der Satz ›Tote sollte man ruhen lassen‹ stimmt nicht. Ich habe Ruhe, wann immer ich diese brauche. Ich bin in der Ewigkeit. Ich freue mich immer, von dir zu hören.«*

Verstorbene hören deine Gedanken und Worte. Sie bekommen alles mit und man kann nicht mehr lügen. Sie tragen dir aber auch nichts mehr nach. Erzähle deinem Verstorbenen ruhig deine Gedanken und Sorgen. Er wird für dich da sein.

# Schreibe mit mir

*»Ich spüre, dass dir die Kommunikation mit mir fehlt. Versuche doch mal, mit mir zu schreiben. Du kannst entweder mit Fragen/Antworten oder inspiriert mit mir schreiben. Ich mag Worte und drücke mich gerne sprachlich aus. Ich weiß, dass auch du manchmal, um dich selbst zu ordnen und zu verstehen, schreibst. Du hast ein Talent zum Schreiben. Nutze das auch, um mit mir in eine tiefere Kommunikation zu gehen.«*

Du kannst handschriftlich mit Stift und Papier oder am Laptop mit der geistigen Welt schriftlich kommunizieren. Versuche mehrere Möglichkeiten und nutze das, was sich am stimmigsten für dich anfühlt.

Inspiriertes Schreiben: Bitte deinen Verstorbenen näher zu dir und schreibe alles herunter, was dir in den Kopf kommt. Das geht auch zu einer bestimmten Frage oder einem Thema.

Automatisches Schreiben: Verbinde dich in einer längeren Meditation mit deinem Verstorbenen. Nimm entweder einen Stift in die Hand, mit der du normalerweise nicht schreibst, oder trage eine Augenbinde, so dass du nichts siehst und lasse deine Hand von der geistigen Welt führen. Diese Methode braucht viel Übung, Zeit und Vertrauen.

Grundsätzlich ist es auch schön, mit der geistigen Welt Gedichte oder Briefe zu schreiben.

# Sieh das große Ganze

*»Ich habe in der geistigen Welt einen anderen Blickwinkel auf Probleme und Themen.*

*Ich weiß jetzt, wie überflüssig es ist, sich über Dinge aufzuregen, die man nicht ändern kann. Wie nervig es ist, Dinge nicht zu ändern, die sich nicht gut anfühlen und wie kräftezehrend Angst ist. Wenn es dir mal wie-*

*der schlecht geht oder du zweifelst und nicht weißt, wie du weitermachen sollst, stelle dir vor, du sitzt mit mir auf einer Wolke und schaust hinab auf diese Welt und auf dein Leben – aus einer übergeordneten Ebene. Kannst du stolz auf dich sein?«*

Versuche mal, dein Leben aus dem Universum heraus zu betrachten. Siehst du, wie klein manche Themen sind, wie schnell manche Jahre vergehen? Werden die Probleme und Sorgen kleiner? Kannst du Dinge auch aus einem anderen Blickwinkel betrachten?

Versuche immer mal wieder, mit deinem Verstorbenen gemeinsam dein Leben aus seinem Blickwinkel heraus zu betrachten.

# Sorge gut für dich

*»Ich mache mir manchmal Sorgen um dein Energiesystem. Ich sehe, dass du dich manchmal nicht so gut um deinen Körper und um deine Gefühle kümmerst. Ich möchte nicht, dass du dich vernachlässigst.*

*Schreibe dir doch mal einen Plan mit Dingen, die dir gut tun und mache täglich eines davon. Achte auch darauf, dass du deinen Körper mit genug Schlaf, hochwertigen Lebensmitteln und guten Gedanken aufbaust, damit deine Seele Lust hat, darin zu wohnen. Und wenn du es im ersten Moment nicht für dich selbst tun kannst, tue es für unsere Verbindung. Denn je kräftiger und gesünder du bist, umso leichter kannst du mich wahrnehmen und unsere Verbindung spüren. Wenn du energetisch erschöpft bist, schützt dich dein Unterbewusstsein vor der Begegnung mit der geistigen Welt, da diese auch manchmal Trauer und Sehnsucht verstärken kann.«*

Achte verstärkt darauf, was dir im Alltag Energie gibt und was dir welche raubt.

Lebensmittel, Getränke, Gedanken, Hobbys, Sport, Begegnungen, Gespräche, Menschen können aufbauend und Kraft spendend oder auch kräftezehrend und schwächend sein.

# Übergib deine Sorgen an mich

*»Ich spüre, dass du dir sehr viele Gedanken machst. Diese Zeit jetzt nach meinem Tod ist sehr schwer für dich. Alle Entscheidungen, Ärger, Einsamkeit und Sorgen belasten dich. Ich sehe das und wünsche mir, dass du mehr Leichtigkeit spürst und Heilung erfährst. Daher bitte ich dich, mir und der gesamten geistigen Welt*

*deine Sorgen zu übergeben. Stelle dir vor, du packst alle negativen Gedanken und Sorgen in ein Päckchen, verschnürst es und übergibst es mir. Ich werde mich im Jenseits darum kümmern. Du kannst mich damit nicht belasten oder nerven. Ich bin gerne für dich da und nehme all deine Sorgen entgegen.«*

Mache öfters diese Übung – wie eine Art Meditation oder in Gedanken – vor dem Einschlafen:

Du stellst dir deine verstorbene Person vor (gern auch zusammen mit Geistführern, Schutzengeln oder Krafttieren) und erzählst ihr von deinen Problemen und Sorgen. Diese legst du (wie in einer Vision) in ein Päckchen oder in eine Schatulle. Du verschnürst das Päckchen und gibst es deiner verstorbenen Person. Sie nimmt es mit in die geistige Welt.

Versuche wirklich bewusst, die Erleichterung und Befreiung durch das Abgeben der Sorgen zu spüren. Manchmal muss man das mehrmals üben, um es klar fühlen zu können. Habe Vertrauen, dass die geistige Welt dich unterstützt.

# *Verzeihe dir*

*»Ich weiß, wie hart du mit dir selbst ins Gericht ziehst. Es ist nicht mehr wichtig, was gewesen ist. Die Vergangenheit ist vorbei. Du hast zum damaligen Zeitpunkt das getan, was in deiner Macht und deinem damaligen Wissen lag. Ich möchte heute, dass du dir selbst verzeihst. Das ist ganz wichtig für deine Heilung.«*

Sich selbst verzeihen ist sehr kraftvoll und wichtig. Besonders im eigenen Trauer- und Heilungsprozess sind Selbstliebe und Selbstverzeihung kostbar und kraftvoll.

Spreche für dich selbst folgende Worte ein- bis zweimal am Tag und versuche sie wirklich zu fühlen:

Ich verzeihe mir selbst und liebe mich.
Ich bitte mich selbst um Verzeihung.
Ich verzeihe mir selbst und liebe mich.

# Viele Generationen stehen hinter dir

*»Viele Seelen aus vielen Generationen deiner Familie, deinem Umfeld und mehreren Ahnenlinien stehen hinter dir. Mache dir das immer mal wieder bewusst, besonders in Situationen, in denen du dich allein fühlst. Du bist nicht allein!*

*Mit mir begleiten dich noch unzählig viele Seelen und auch du bist ein wichtiger Teil von uns. Wir unterstützen dich in deinem Lebensplan und schicken dir Kraft und Vertrauen.«*

Alle Seelen sind über Generationen miteinander verbunden. Die Kraft all deiner Vorfahren steckt in dir und in deinem Leben. Auch wenn du vielleicht nicht nur in Liebe an deine Vorfahren denkst, ist das nicht schlimm, denn alle Familienlinien haben Schmerz, Trauer, Angst und auch Liebe in sich integriert.

Verbinde dich bewusst mit der Kraft, die in diesen Generationslinien steckt. Die Kraft ist voll von Weisheit, Überleben, Mut und Weitblick.

# Wir alle haben Seelenaufgaben

*»Wir alle haben als Seelen vor dieser Inkarnation Seelenaufgaben für diese Reise bekommen.*

*Meine Aufgabe war abgeschlossen. Das muss sich für dich nicht logisch anfühlen. Du sollst einfach wissen, dass ich im Frieden mit dieser abgeschlossenen Aufgabe bin. Deine Seelenaufgabe ist aber noch nicht vollendet. Du darfst noch Erfahrungen machen und Erlebnisse sammeln. Irgendwann wird auch deine Aufgabe auf dieser Welt vollendet sein und du kehrst zu mir zurück.*

*Sei dir gewiss, dass die Aufgabe nichts mit der Länge eines Lebens zu tun hat und oft zu Lebzeiten nicht zu begreifen ist. Hier, wo ich bin, sehen wir dann unsere Aufgaben wieder ganz klar. Das reicht völlig.*

*Hab Freude jeden Tag und sieh die Welt wie aus Kinderaugen, dann lebst du dein Leben in Fülle und verwirklichst deine Aufgabe.«*

Seelenaufgaben folgen keinem Zeitplan und sind für die Lebenden nicht immer nachvollziehbar. Warum Menschen sehr früh sterben müssen, können Lebende oft nicht verstehen oder nachvollziehen. Und doch hat jede Seele eine Seelenaufgabe (auch Lebensplan genannt), nach dessen Vollendung sie wieder in die geistige Welt zurückkehrt.

Dein Verstorbener möchte, dass du seine abgeschlossene Seelenaufgabe - und auch deine noch nicht vollendete Aufgabe - annehmen kannst und nicht damit haderst.

# Wir sehen uns wieder

*»Wir werden uns wiedersehen. Wenn deine Zeit auf dieser Erde abgeschlossen ist, werde ich dich abholen und dir unsere wahre Seelenheimat zeigen.*

*Auch wenn es noch Zeit benötigt, freue ich mich schon auf den Moment, dich wieder auf energetischer Ebene in meine Arme schließen zu können. Wir haben dann alle Zeit der Welt zusammen. Mache dir keine Gedanken über den Zeitpunkt, wann das sein wird. Hier bei mir gibt es kein Zeit- oder Raumgefühl, daher ist der Zeitpunkt völlig irrelevant. Habe Vertrauen, dass unser Wiedersehen genau zum richtigen Zeitpunkt stattfinden wird. Ich freue mich schon sehr darauf.«*

Verstorbene sind beim Sterbeprozess der Angehörigen dabei und holen die Seelen ab.

Nach dem eigenen Tod bist du wieder verbunden mit deinen Lieben, die bereits vor dir gestorben sind. Sie holen dich ab und nehmen dich mit in die geistige Welt. Dort kann man dann zusammen sein und die Ewigkeit gemeinsam verbringen.

# Wir sind schon seit mehreren Leben verbunden

*»Unsere Verbindung ist eine besondere, karmische Verbindung. Unsere Seelen haben eine gemeinsame Aufgabe. Wir hatten schon mehrere gemeinsame Leben und werden auch noch mehrere gemeinsame Leben miteinander erleben. Du musst nicht wissen, was unsere Aufgabe ist oder welche Leben wir schon*

*hatten. Habe Vertrauen, dass wir in der geistigen Welt das wissen und es nur hier wichtig ist. Ich freue mich darauf, mit dir noch ganz viel gemeinsam zu erleben.«*

Viele Seelen begegnen sich öfters und leben mehrere Leben miteinander. Oft sind die Konstellationen (Mann - Frau, Kind - Eltern, Freunde, Arbeitskollegen ...) unterschiedlich in den verschiedenen Leben, aber die Seelenenergie ist dieselbe. Man lebt verschiedene Aufgaben miteinander und wächst aneinander.

Habe Vertrauen, dass dein Verstorbener dir diese Karte nicht ohne Grund sendet. Habe Vertrauen, dass euch noch weitere gemeinsame Leben bevorstehen und ihr euch irgendwann wiederbegegnen werdet.

# Danksagung

Ein besonderer Dank geht an alle meine Klienten, die in 10 Jahren durch mich Kontakt mit ihren Verstorbenen aufgenommen haben und denen ich viele wundervolle Botschaften durchgeben durfte. Sie und mein Vater haben mich zu diesem Karten-Set inspiriert.

Danke an alle Verstorbenen für eure Liebe zu uns.

Danke auch an meine Familie, die mich unterstützt und mir Halt gibt.

Danke an meine Freunde für eure Freundschaft.

Danke an meine Verlegerin für die tolle Zusammenarbeit und Umsetzung des Karten-Sets.

# Über die Autorin

**Nina Herzberg** ist dipl. Medium nach dem englischen Spiritualismus. Sie bringt ihr Wissen über das Leben nach dem Tod durch Vorträge, Seminare, Ausbildungen und Interviews in die Welt.

Nina nimmt seit ihrer Kindheit die geistige Welt wahr. Verstärkt hat sie dies nach einem Nahtoderlebnis mit 5 Jahren bemerkt. Ihre angeborenen medialen und sensitiven Fähigkeiten hat sie in einer 4jährigen Ausbildung bei Pascal Voggenhuber professionell ausbilden lassen und ist das einzige deutsche Medium mit

Diplom von ihm. Weitere mediale Fortbildungen nach dem englischen Spiritualismus hat sie am Arthur Findlay College in England, bei Arlette Widmer, Colin Bates, Gordon Smith und anderen Medien gemacht.

Die Autorin ist Gründerin der Plattform *Spirit to go*, die Spiritualität alltagstauglich und lebensnah vermittelt. Sie hat einen sehr erfolgreichen Podcast *Spirit to go – der Talk*, den man über iTunes und *Spirit to go* kostenfrei hören kann gemeinsam mit Selbstmarketing-Coach Julian Heck ins Leben gerufen.

Website: www.ninaherzberg.com
Youtube Channel: www.youtube.com/ninaherzberg

**Talking to Heaven – Kontakt zu Verstorbenen**
Geführte Meditation

Nina Herzberg zeigt dir durch zwei einfache Methoden, wie du in der Meditation Kontakt zu deinen Verstorbenen aufnehmen und Botschaften sowie Zeichen erhalten kannst. Bei jedem Menschen sind Wahrnehmung und Hellsinne unterschiedlich ausgeprägt. Daher enthält diese CD jeweils eine Meditation zur hellfühlenden und eine zur visuellen Kontaktaufnahme.

www.echnaton-verlag.de

**Talking to Heaven – Kommunikation mit dem Geistführer** | Geführte Meditation

Dein Geistführer begleitet dich von deiner Geburt an bis zum Tod. Meist hat er eine spezielle Aufgabe, ein ganz spezielles Lebensthema für das er zuständig ist. Mit Hilfe dieser 4 Meditationen kannst du leichter in Kontakt mit deinem Geistführer treten, selber Botschaften erhalten und ihn um Klarheit und Unterstützung bitten.

**Online-Kurs: Kontakt zum eigenen Verstorbenen**
9 Video-Lektionen, 4 geführte Meditationen

In diesem Online-Kurs lernst du, die Energie deiner Verstorbenen und ihre Botschaften wahrzunehmen, neue Kraft und Mut für dein eigenes Leben zu finden, deine Hellsinne zu erkennen und zu trainieren und den Sterbeprozess besser zu verstehen.

Die erste Lektion kannst du dir kostenfrei auf unserer Website anschauen.

www.echnaton-verlag.de

Achte
heute auf
Begegnungen

Achte heute
auf Buchstaben
und Zahlen

# Achte heute auf Eingebungen und Träume

Achte heute
auf Zeichen
über die
Natur

Danke,
dass es dich
gibt

Danke

für deine Hilfe

und

Unterstützung

Deine Seele
ist unendlich,
das Gefühl der
Trennung nicht

Die Natur
hilft dir,
Frieden
zu finden

Du brauchst nicht für mich an Altem festhalten

Du heilst die Familienthemen jetzt

# Es geht mir wieder gut

Es ist gut,
dass du Grenzen
für dich setzt

# Es tut mir leid

Es tut mir leid,
dass wir uns nicht
mehr voneinander
verabschieden
konnten

# Es war Schicksal

# Gib nicht auf

Ich begleite
dich
bei deinem
Neubeginn

Ich bin
bei dir durch
Berührungen

Ich bin durch die Liebe mit dir verbunden

Ich bin
stolz
auf dich

Ich bin
wirklich
bei dir

Ich gebe dir zur Zeit wenig Zeichen, bin aber dennoch bei dir

Ich habe viele geistige Helfer, die ich dir schicke

Ich halte dich,
wenn du dich in
deiner Trauer
einsam fühlst

# Ich helfe dir, zu manifestieren

Ich schicke dir Heilung für deine Themen

Ich schicke
dir technische
Zeichen

# Ich schicke dir Zeichen über Federn

Ich schicke dir Zeichen über Licht

Ich schicke
dir Zeichen
über Musik
und Texte

Ich schicke
dir Zeichen
über Tiere

Ich unterstütze
dich
bei deiner
Entscheidung

Ich verzeihe dir

# Ich wäre gern mehr dagewesen

# Jetzt ist deine Zeit

# Lass deine Zweifel los

# Meditiere mit mir

# Öffne wieder dein Herz

# Rede mit mir

# Schreibe mit mir

# Sieh das große Ganze

# Sorge gut für dich

Übergib
deine Sorgen
an mich

# Verzeihe dir

Viele
Generationen
stehen hinter dir

# Wir alle haben Seelenaufgaben

# Wir sehen uns wieder

Wir sind schon
seit mehreren
Leben verbunden